Usch von der Winden

LIMONADEN Sommerdrinks UND SORBETS

Edition
Fackelträger

Was gibt es im Sommer Schöneres als flirrendes Sonnenlicht in Blüten, Blättern und Früchten? Vor blauem Himmel tanzen quirlige Blütendolden – saftige Beeren reifen am Zweig und warten darauf, gepflückt und vernascht zu werden. Der Sommer lässt grüßen!

INHALT

Hummeln und Bienen – unermüdliche Helfer im Blütenrausch

EISKALT GENIESSEN

Wippende Blütendolden, üppige Früchteträume, blitzende Sonnenkringel und strahlend-blauer Himmel durch winkende Obstzweige – so lockt der Sommer! Limonaden und Sommerdrinks wie Bowle, Sorbet und Granité sind vom lauen Frühling, den vollen prallen Sommer hindurch und bis in den milden Herbst hinein unsere perfekt erfrischenden Begleiter.

LIMONADEN

Limonaden blicken zurück auf ein bewegtes Leben und erfinden sich immer wieder neu, obgleich die Grundbestandteile einmal lediglich Wasser und ein wenig Zitronensaft waren – die Beliebtheit dieses erfrischenden Kaltgetränkes ist über Jahrhunderte ungebrochen, wenngleich sich seine Zusammensetzung immer wieder ein wenig ändert. Limonaden sind heute ganz generell – vereinfacht ausgedrückt – alkoholfreie Erfrischungsgetränke aus Tafelwasser, Zucker, Frucht- oder anderen Aromazusätzen sowie Kohlensäure. Seit dem 16. Jahrhundert wurde Wasser mit den unterschiedlichsten Zutaten aromatisiert. Noch blieb der Genuss von Limonade den wohlhabenden Schichten vorbehalten, denn die Ingredienzien wie Zitronen oder Gewürze waren kostspielig. Ihren Namen verdankt die Limonade übrigens den Zitronen bzw. Limonen, die lange Zeit den geschmacklichen Ton angaben.

Doch der Siegeszug der Limonade war nicht aufzuhalten, ganz gleich, ob die Rede von »limonada«, »limonade« oder »lemonade« war. Die englische Variante, »lemon squash«, ein Konzentrat aus Wasser, Zucker und Zitronensaft, machte das Getränk gegen Ende des 19. Jahrhunderts schließlich populär. Die industrielle Vermarktung ließ nicht lange auf sich warten. Den größten Erfolg konnte Johann Jacob Schweppe verbuchen, der ein Verfahren, Wasser mit Kohlensäure zu versetzen, erfand. Schweppe konnte nicht einmal ahnen, welche Vielfalt an Limonaden unterschiedlichster Couleur es heute gibt.

SOMMERDRINKS & BOWLEN

Das ist pures Sommerfeeling im Glas! Aus saftigen Früchten, prallen Beeren und vitaminreichen Gemüsen werden mit exotischen Gewürzen, knackigen Eiswürfeln und vielem mehr superfrische Drinks.
Unter ihnen erlebt die Bowle ein fulminantes Comeback. Der Begriff »Bowle« geht auf das englische »bowl« für »Schüssel« zurück. Vor allem gut gekühlt sollte das Getränk sein und so wurde einst ein Gefäß in ein anderes gestellt und das innere von außen mit Eis gekühlt. Gefrorene Früchte oder Säfte als Bestandteil des Getränks trugen ein Übriges zum kalten Genuss bei. Die bekannteste und eine der ältesten Bowlen dürfte die Maibowle mit Waldmeister sein.

Die Bowle sollte sich bis in die 1970er-Jahre zu einem der beliebtesten Partygetränke entwickeln. Heute wird die Bowle wieder entdeckt – frischer, leichter und in vielen Varianten. Ob mit oder ohne Alkohol, bleibt dabei dem Genießer überlassen. Entscheidend ist das richtige Ansetzen einer Bowle: Frisch müssen die Zutaten sein und Zucker kommt nur dann ins Spiel, wenn Früchte oder Kräuter selbst nicht allzu süß sind. Am besten lässt sich der Süßegrad mit Läuterzucker variieren. Auch unsere jungfräulichen Cocktails wie etwa der »Virgin Mojito« sorgen ganz ohne Alkohol für beste Stimmung.

Fruchtig-gesunder Genuss: Himbeeren

SORBETS

Ursprünglich handelte es sich bei einem Sorbet oder Scherbet um ein nichtalkoholisches, sehr kaltes Getränk aus Eisschnee, Fruchtzusatz und gelegentlich geschlagenem Eiweiß. Das Getränk ist arabischen beziehungsweise persischen Ursprungs; dort diente es bereits etwa im 17. Jahrhundert als kleine Erfrischung zwischen den Menügängen. Wegen seiner aufwendigen Zubereitung und Kühlung wurde es nur zu festlichen Anlässen gereicht. Auch bei der Zubereitung von kühl-cremigen Sorbets findet die Zitrone oft Verwendung. Seit dem Ende des 19. Jahrhunderts werden Sorbets, auch Halbgefrorenes, verstärkt als Zwischengang im Rahmen einer Menüfolge gereicht und dienen gleichermaßen der Anregung von Appetit wie Verdauung. Genauso beliebt sind Sorbets bis heute als eiskalte Desserts, für deren Zubereitung Sie nicht einmal eine Eismaschine benötigen.

GRANITÉS

Ein Granité – oder italienisch eine »granita« – ist eine besonders in Sizilien beliebte Süßspeise. Frucht- oder Kräuterpüree wird mit Läuterzucker gesüßt und nicht zu fest gefroren. Die entstehenden Kristalle werden dann geschabt. Ein Granité ist knackiger als ein »weicheres« Sorbet. Die Möglichkeiten zur Aromatisierung sind auch hier unbegrenzt.

Lassen Sie sich nun zum Genuss frisch-spritziger Limonaden und Sommerdrinks verführen!
Kombinieren Sie traditionelle und neue Geschmacksideen miteinander,
bestimmen Sie selbst die Mischungsverhältnisse oder kreieren Sie Ihren eigenen Drink.
Hinein ins eiskalt-prickelnde Vergnügen!

SAFTHERSTELLUNG

In Limonaden, Sommerdrinks & Co schmeckt nichts besser als frisch gepresste Säfte aus eigener Ernte, vom Obsthof oder aus dem Bio-Laden. Oder einfach pur genießen!

Diese Menge an Früchten benötigen Sie jeweils, um 1 Liter Saft zu erhalten:

ÄPFEL	*1,8 kg*
APRIKOSEN	*1,4 kg*
BIRNEN	*1,7 kg*
BROMBEEREN	*1,5 kg*
ERDBEEREN	*1,3 kg*
HIMBEEREN	*1,8 kg*
HOLUNDERBEEREN	*1,8 kg*
JOHANNISBEEREN (ROT)	*1,5 kg*
JOHANNISBEEREN (SCHWARZ)	*1,7 kg*
KIRSCHEN	*1,8 kg*
PFIRSICHE	*1,7 kg*

Frisch gepresster Fruchtsaft enthält viel Fruchtfleisch und sollte bald getrunken werden. In eine Flasche abgefüllt hält er sich im Kühlschrank gut verschlossen zwei bis drei Tage.

»Fruchtbomben« für leckere Sommergetränke auf einen Blick.

LIMONADEN

ERDBEER-WEINTRAUBEN-LIMONADE
MIT MELISSE

Die Zitronenmelisse waschen und trocken schütteln. Den Früchtetee nach Packungsangabe zubereiten. Dann zwei Stängel Zitronenmelisse zugeben und den Tee für mindestens 30 Minuten bei Zimmertemperatur ziehen lassen, danach kalt stellen.
Die Erdbeeren putzen und in Stücke schneiden. Die Weintrauben waschen, halbieren und gegebenenfalls entkernen.
Erdbeeren, Weintrauben, Zucker und kalten Tee fein pürieren. Anis zugeben und gut unterrühren. Alles in ein größeres Gefäß geben, Mineralwasser und Zitronensaft aufgießen. Nach Belieben Eiswürfel dazugeben.

Zutaten für etwa 4 Gläser

6 Stängel Zitronenmelisse, *2 Beutel* Früchtetee, *200 g* Erdbeeren, *200 g* Weintrauben, *2 EL* Rohrzucker, *1 gute Prise* gemahlener Anis, *400 ml* Mineralwasser, frisch gepresster Saft von *1* Zitrone und Eiswürfel nach Belieben

Hier lacht die fruchtige Pracht des Sommers.

SOMMERLIMONADE
COOLE BEEREN

Die Zitronenfilets mit dem Zucker und den Minzeblättchen in einen Topf mit 1 Liter Wasser geben und sprudelnd aufkochen lassen. Den Topf vom Herd nehmen und alles ca. 15 Minuten ziehen lassen. Danach durch ein Sieb passieren.
Die Granatapfelkerne und die Heidelbeeren vorsichtig in den noch heißen Sud geben. Sobald der Sud abgekühlt ist, die Beeren abschöpfen und beiseitestellen. Den Sud durch ein feines Sieb passieren und erkalten lassen.
Die Beeren auf die Gläser verteilen und mit dem kalten Sud aufgießen. Wer mag, einige Eiswürfel ins Glas geben. Die Gläser mit den Zitronenscheiben und den Minzestängeln dekorieren.

Zutaten für etwa 6 Gläser

150 g filetiertes Zitronenfruchtfleisch, *60 g* Rohrzucker, *5 g* getrocknete Minzeblättchen, *40 g* getrocknete Granatapfelkerne, *200 g* frische Granatapfelkerne, *100 g* Heidelbeeren, Eiswürfel nach Belieben, *6* Zitronenscheiben (von unbehandelten Früchten) zum Dekorieren und *6 Stängel* Minze, gewaschen und trocken geschüttelt, zum Dekorieren

NOTIZEN

Der Zusammenklang von Sommerbeeren und Zitrone gibt den absoluten Frischekick! Heidelbeeren und Granatapfel sind wahre Vitaminbomben für die Gesundheit.

ERDBEER-CHILI-LIMONADE
MIT FEINEM FRUCHTMOUSSE

NOTIZEN

Die Erdbeeren putzen und klein schneiden. Die Limetten auspressen und 100 ml Limettensaft beiseitestellen. Die geschnittenen Früchte, den Limettensaft und den Zucker fein pürieren, bis ein sämiges Erdbeermousse entstanden ist.
In einen dickbauchigen Krug füllen, das Chilipulver sowie die Chilifäden zugeben und langsam verrühren. In einem weiteren Krug das kalte Mineralwasser mit dem restlichen Limettensaft dazustellen, Eiswürfel nach Belieben zugeben und genießen.

Zutaten für etwa 6 Gläser

1 kg Erdbeeren, *3* Limetten, *3 EL* Rohrzucker, *1/2 TL* Chilipulver, *1/2 TL* Chilifäden, *500 ml* Mineralwasser und Eiswürfel nach Belieben

Chili passt besonders gut zum Aroma der Erdbeeren. Eine total scharfe Kombination!

Der Apfelsaft in diesem Krug hat unglaublich viele Aromen – unter Schatten spendende Bäume setzen und ganz bewusst genießen!

FRÜCHTELIMONADE
MIT FRISCHEN KRÄUTERN

Den Apfelsaft mit dem Limettensaft mischen. Den Rohrzucker und Zimt gut unterrühren. Den Ingwer schälen und vierteln, die Ingwerviertel zum Saft geben. Die Mischung im Kühlschrank für mindestens 2 Stunden ziehen lassen.
Die Äpfel schälen, vierteln, entkernen und in Scheiben schneiden, beiseitestellen. Die Minze waschen und trocken schütteln, von zwei Stängeln die Blätter abzupfen. Die Ingwerstückchen aus dem Limonadenansatz herausnehmen und wegwerfen. Den Limonadenansatz mit kaltem Mineralwasser nach Belieben auffüllen. Die Pfefferminzblätter und – bis auf vier Scheiben – die Apfelscheiben in die Limonade geben.
Die Gläser mit den Pfefferminzstängeln und jeweils einer Apfelscheibe dekorieren, mit der Limonade auffüllen und nach Belieben Eiswürfel dazugeben.

NOTIZEN

Zutaten für etwa 4 Gläser

600 ml naturtrüber Apfelsaft, frisch gepresster Saft von *3* Limetten, *3 EL* Rohrzucker, *1 TL* Zimt, *1 cm* frischer Ingwer, *2* kleine Äpfel, *10* Stängel frische marokkanische Pfefferminze, eiskaltes Mineralwasser zum Aufgießen und Eiswürfel nach Belieben

Die Limonade bekommt eine schärfere Note, wenn Sie den Ingwer zerdrückt zugeben. Aber den zerdrückten Ingwer vor dem Servieren entfernen!

Mit Trendgetränk MATCHA TEE

GRÜNER-APFEL-
MATCHA-LIMONADE

In einem Gefäß das Matcha-Teepulver mit 700 ml kochenden Wasser übergießen und zehn Minuten unbedeckt ziehen lassen. Dann durch ein feinmaschiges Sieb abgießen und kalt stellen.
Die Äpfel schälen, vierteln und entkernen. In grobe Stücke schneiden und mit dem Limettensaft und dem Rohrzucker fein pürieren. Das Püree mit Mineralwasser aufgießen und diese Mischung ebenfalls kalt stellen.
Tee und Apfelmischung in einen großen Krug geben und einmal schaumig aufschlagen.
Die Zitronenmelisse waschen und trocken schütteln. Nach Belieben Eiswürfel in die Gläser füllen, mit Limonade auffüllen und mit Zitronenmelisse dekorieren.

Zutaten für etwa 6–8 Gläser

2 gute TL Matcha-Tee, *2* Äpfel (Granny Smith), *50 ml* frisch gepresster Limettensaft, *3 EL* nicht raffinierter Rohrzucker, *250 ml* eiskaltes Mineralwasser, *4 Stängel* Zitronenmelisse zum Dekorieren und Eiswürfel nach Belieben

Matcha ist ein zu feinstem Pulver vermahlener Grüntee.

LA BOUTIQUE DE FLEURS
Madeleine
9 RUE D'ALESIA PARIS

GUNDERMANN-GIERSCH-LIMONADE SOMMERKRÄUTER TRINKEN

Zwei Zitronen auspressen und mit einem Zestenreißer von der Schale die gelbe äußere Schale sehr dünn abschälen. Eine Zitrone in Scheiben schneiden, beiseitelegen.
Den Ingwer schälen und in feine Scheiben schneiden. Zucker, Zitronensaft, Zitronenschale, Ingwer und 250 ml Wasser in einem Topf bei mittlerer Temperatur in ungefähr 15 Minuten aufkochen und zu einem Sirup reduzieren lassen.
Die Kräuter waschen und einige für die Dekoration beiseitelegen. Den heißen Sirup über die Kräuter gießen und alles über Nacht kühl stellen.
Am nächsten Tag alles durch ein Sieb passieren und mit Mineralwasser auffüllen. Zum Servieren in jedes Glas Eiswürfel und Zitronenscheiben geben, mit Limonade auffüllen und mit frischen grünen Kräutern dekorieren.

Zutaten für etwa 8 Gläser

3 unbehandelte Zitronen, *2 cm* frischer Ingwer, *300 g* Zucker, *10 g* Gundermannblätter, *10 g* Gierschblätter, *750 ml* kaltes Mineralwasser und Eiswürfel nach Belieben

Beim Ingwer paart sich Schärfe mit zitronig-erdigem Geschmack.

HIMBEER-MELISSE-LIMONADE

NOTIZEN

Die Zitronenmelissen waschen, trocken schütteln und die Blätter abzupfen. Den Früchtetee nach Packungsangabe zubereiten und mit den Zitronenmelissenblättern für mindestens 30 Minuten ziehen lassen, kalt stellen.
Die Himbeeren putzen, waschen und grob hacken. Himbeeren, Zucker und kalten Tee kräftig pürieren. Anis zugeben und alles gut verrühren.
Alles in ein passendes Gefäß geben, Mineralwasser und Zitronensaft aufgießen, Eiswürfel nach Belieben dazugeben.

Zutaten für etwa 4 Gläser

6 Stängel Zitronenmelisse, *2 Beutel* Früchtetee, *1 kg* Himbeeren, *2 EL* Rohrzucker, *1 gute Prise* gemahlener Anis, *400 ml* Mineralwasser, frisch gepresster Saft von *2* Zitronen und Eiswürfel nach Bedarf

Himbeeren und Anis gehen eine echte Geschmacksbeziehung ein. Die Vorbereitungsarbeit lohnt sich!

Bitte beachten Sie:
So lecker sie aussehen ... Holunderbeeren müssen gekocht werden,
weil sie in rohem Zustand giftig sind.

WÜRZIGE
HOLUNDERLIMONADE

Die Holunderbeeren waschen und von den Stielen befreien. In einen Kochtopf geben, mit 750 ml Wasser auffüllen und alles aufkochen lassen. Die Pimentkörner dazugeben und alles etwa 30 Minuten köcheln lassen. Währenddessen mit einer Kelle die Beeren sanft zerdrücken, um den Saft freizusetzen.
Anschließend durch ein Sieb in ein größeres Gefäß passieren, dann den Holundersaft wieder in den Topf gießen. Den Ingwer schälen und mit der Muskatblüte zufügen, alles für weitere 15 Minuten köcheln lassen. Bei Bedarf etwas Wasser zufügen und anschließend erkalten lassen.
Während des Köchelns von den Zitronen vier Scheiben abschneiden und für die Dekoration beiseitelegen. Die Schale abreiben und in die Flüssigkeit geben, den Saft auspressen und ebenfalls in den Limonadenansatz geben. Den Rohrzucker unterrühren. Abkühlen lassen und mit kaltem Mineralwasser auffüllen.
Vor dem Servieren nach Belieben Eiswürfel ins Glas geben und die Gläser mit Zitronenscheiben dekorieren.

Zutaten für etwa 4 Gläser

500 g reife Holunderbeeren, *8* Pimentkörner, *1/2 cm* frischer Ingwer, *1 Msp.* gemahlene Muskatblüte, *2* unbehandelte Zitronen, *2 EL* Rohrzucker, eiskaltes Mineralwasser zum Auffüllen und Eiswürfel nach Belieben

Frische Holunderbeeren sind immer nur gekocht ein Genuss.

INGWERLIMONADE
INDIAN STYLE

NOTIZEN

In einem Mörser den Ingwer grob zerreiben. Den Ingwer in einem Topf mit den Pfefferkörnern in 1 Liter Wasser einrühren. Das Ganze zum Kochen bringen und für einige Minuten köcheln lassen. Abkühlen lassen und durch ein mit einem Küchentuch ausgekleidetes Sieb abgießen, die Flüssigkeit dabei auffangen.
Den Ingwer und die Pfefferkörner aus dem Küchentuch in einen Topf mit 500 ml Wasser geben. Noch einmal aufkochen und wieder für einige Minuten köcheln lassen. Wieder durch ein ausgekleidetes Sieb zu der zuvor abgegossenen Flüssigkeit gießen.
In einem kleinen Topf bei niedriger Temperatur den Zucker in 500 ml Wasser auflösen, abkühlen lassen und zur Ingwerflüssigkeit gießen.
In der Zwischenzeit die Limetten auspressen, das Basilikum waschen, trocken schütteln, die Blätter fein hacken und mit dem Limettensaft mischen. Alles durchsieben und den Saft zur Ingwerflüssigkeit geben.

Zutaten für gut 1,5 Liter

4 cm geschälte frische Ingwerwurzel,
1 TL weiße Pfefferkörner, *300 g* Zucker,
6 Limetten, *1 Bund* Basilikum

Durch das doppelte Aufkochen gibt der Ingwer sein volles Aroma ab. Schmeckt nicht nur Ingwerfreunden gut und ist sogar für einige Tage haltbar.

Mit Trendgetränk MATCHA TEE

KAKTUSFEIGEN-ZITRONEN-LIMONADE

Den Matcha-Tee mit 300 ml Wasser zubereiten. Abkühlen lassen und kalt stellen.
In einer Pfanne die Koriandersaat für 2 bis 3 Minuten trocken anrösten, etwas abkühlen lassen. Dann die Koriandersaat im Mörser fein reiben und beiseitestellen.
Die Kaktusfeigen halbieren, das Fruchtfleisch herauslöffeln und in kleine Stücke schneiden.
Von einer Zitrone die Schale abreiben und die Zitrone in dünne Scheiben schneiden, eine Zitrone auspressen.
Tee, die Hälfte der Koriandersaat, Kaktusfeigen, Zitronenschale und -saft sowie Ingwersirup miteinander verquirlen. Die Zitronenscheiben und nach Belieben Eiswürfel auf die Gläser verteilen, Limonade und Mineralwasser aufgießen und mit dem restlichen Koriander bestreuen.

Zutaten für etwa 4 Gläser

3 g Matcha-Tee, *1 TL* Koriandersaat, *4* rote Kaktusfeigen, *2* unbehandelte Zitronen, *3 EL* Ingwersirup (Reformhaus oder selbst gemacht), Eiswürfel nach Belieben und Mineralwasser

Die Kaktusfeige hat unter ihrer stacheligen Haut ein süß-aromatisches Fruchtfleisch.

ZITRONENLIMONADE
À LA SOYER

In einem Topf die Gerstenkörner und die halbierten Feigen mit 2 Litern Wasser 1 Stunde 30 Minuten köcheln lassen. Anschließend alles durch ein Sieb in einen weiteren Topf passieren.
Die Zitronenschale mit einem Zestenreißer dünn abziehen.
Eine Zitronenhälfte in Scheiben schneiden, die andere auspressen. Zesten, Scheiben und Saft in den Topf geben und alles für weitere 5 Minuten köcheln lassen.
Den Topf vom Herd ziehen und den Honig in die Flüssigkeit rühren.
In einen Krug absieben, kalt stellen und mit viel Eis genießen.

Zutaten für etwa 4 Gläser

100 g Gerstenkörner, *4* getrocknete Feigen, *1* unbehandelte Zitrone, *1 TL* Honig und Eiswürfel nach Belieben

NOTIZEN

Dieses Rezept basiert auf dem Mitte des 19. Jahrhunderts entstandenen Originalrezept für das sogenannte »Barley Water« des französischen Kochs Alexis Soyer.

WÜRZIG-AROMATISCHE
KIRSCH-PFEFFER-LIMONADE

NOTIZEN

Die Kirschen waschen, entstielen, entkernen und halbieren. In einer Schüssel mit dem Zucker, den Piment- und den Pfefferkörnern vermengen und für 1 Tag abgedeckt im Kühlschrank ziehen lassen.

Die Kirschen mit den Gewürzen grob pürieren und für 3 Stunden kalt stellen. Den Balsamicoessig zugießen, umrühren und alles nochmals für einige Stunden ziehen lassen.

Dann das Ganze durch ein Sieb passieren und den aufgefangenen Saft in Flaschen füllen.

Für die Limonade gibt man auf 1 Teil Kirschsaft etwa 2 bis 3 Teile Mineralwasser und serviert mit Eiswürfeln nach Gusto.

Zutaten für etwa 6–8 Gläser

600 g reife Kirschen, *250 g* brauner Rohrzucker, *4* Pimentkörner, *10* schwarze Pfefferkörner, *100 ml* dunkler Balsamicoessig, Mineralwasser zum Auffüllen und Eiswürfel zum Servieren nach Belieben

MELISSENLIMONADE
DER SOMMER-KICK

Die Zitronenmelissenblätter und -zweige waschen. In einen großen Krug füllen und mit dem Mineralwasser aufgießen.

Zwei Limetten auspressen und den Saft zum Melissenwasser geben. Die Zitronen auspressen, die Kerne entfernen und den Saft ebenfalls in den Krug geben. Zucker und Zimtstangen zugeben. Vorsichtig umrühren. Eine Limette heiß abwaschen und trocken reiben. In dünne Scheiben schneiden und die Hälfte der Scheiben in die Limonade gleiten lassen. Für 2 bis 3 Stunden kalt stellen und ziehen lassen. Zum Servieren die restlichen Limettenscheiben in den Krug geben.

Wer mag, kann Eiswürfel ins Glas geben und mit Malvenblüten dekorieren.

Zutaten für etwa 6–8 Gläser

1 Handvoll frische Zitronenmelissenblätter, *4 Zweige* Zitronenmelisse, *2 l* Mineralwasser, *3* Limetten, *2* Zitronen, *2 EL* brauner Rohrzucker, *2* Zimtstangen, Eiswürfel zum Servieren nach Belieben und Malvenblüten für die Dekoration

Die Zitronenmelisse überrascht mit ihrem würzig-frischen Aroma – ein kühlender Genuss.

MINZLIMONADE

Die Zitronen und die Limetten auspressen und den Saft in einen großen Messbecher füllen. Entsprechend der Saftmenge Zucker zugeben. So lange rühren, bis sich der Zucker aufgelöst hat.
Kardamom einrieseln lassen und wieder kräftig umrühren. Mit kaltem Mineralwasser in der dreifachen Menge der Zitronen-Zucker-Mischung aufgießen.
Die Minze waschen und trocken schütteln. Von vier Minzestängeln die Blättchen abzupfen und in die Limonade rühren. Die restliche Minze als Dekoration in die Gläser stellen, mit Minzlimonade aufgießen und nach Belieben Eiswürfel zufügen.

Zutaten für etwa 4 Gläser

3 Zitronen, *2* Limetten, *ca. 200 g* Zucker,
1/2 TL gemahlener Kardamom, Mineralwasser zum Aufgießen, *8 Stängel* frische Minze und Eiswürfel zum Servieren nach Belieben

NOTIZEN

VERBENEN-PETERSILIEN-LIMONADE

NOTIZEN

Die Verbenenzweige waschen und trocken schütteln, die Blätter abzupfen. Die Petersilie ebenfalls waschen und trocken schütteln. Von vier Stängeln die Blätter abzupfen.

In einen Krug die Schale von den Limetten reiben und anschließend den Saft auspressen. Die Zitrone in Scheiben bzw. in Viertelscheiben schneiden, die Kerne entfernen und die Scheiben in den Krug geben. Limettensaft und Zucker dazugeben und die gezupften Verbenen- und Petersilienblätter darüberstreuen. Mit Mineralwasser nach Belieben aufgießen.

Zutaten für etwa 6 Gläser

5 frische Verbenenzweige, *6 Stängel* glatte Petersilie, *2* unbehandelte Limetten, *1* unbehandelte Zitrone, *500 g* Naturzucker und Mineralwasser zum Aufgießen

Eine rundherum erfrischende Limonade. Die Verbene hat eine leichte Zitrusnote, die das Zitronenaroma dieser Limonade noch unterstreicht.

KÜRBIS-ORANGEN-LIMONADE
FRUCHTIG-FRISCH

Den Hokkaido-Kürbis waschen, halbieren und die Kerne herauskratzen. In feine Würfel schneiden, mit 500 ml Orangensaft und dem Rohrzucker in einen Topf geben. Den Ingwer schälen, in grobe Stücke schneiden und dazugeben.
Das Ganze einmal aufkochen und für 15 Minuten köcheln lassen. Abkühlen lassen, die Ingwerstücke entfernen und dann gut pürieren.
In einen großen Krug umfüllen. Die Orangen und die Limette auspressen und den Saft in den Krug gießen. Alles gut umrühren und zum Schluss Pfeffer zugeben. Mit restlichem Orangensaft und Tonic Water nach Belieben auffüllen. In Flaschen umfüllen und kalt stellen. Vor dem Servieren die Flaschen umdrehen, damit sich die sämige Flüssigkeit gut verteilt.

Zutaten

für etwa 1,5 Liter

1 junger, noch gelber Hokkaido-Kürbis, *750 ml* Orangensaft, *100 g* Rohrzucker, *2 cm* frischer Ingwer, *2* Orangen, *1* Limette, *1 Prise* frisch gemahlener grüner Pfeffer und *750 ml* Tonic Water

NOTIZEN

Die Kürbis-Orangen-Limonade ist nicht nur erfrischend, sondern auch sättigend. Sie schmeckt wunderbar zu einem zweiten Frühstück im Grünen.

TRAUBENLIMONADE
FRUCHTGENUSS IM GLAS

Die Weintrauben waschen, einige Trauben für die Dekoration abziehen, halbieren und beiseitelegen. Die restlichen Trauben mit einem Stößel gut ausdrücken und den Saft auffangen.
Die Schale der Zitrone abreiben und den Abrieb in den Weintraubensaft einrühren.
Die Teebeutel mit 1 Liter kochendem Wasser aufbrühen, 10 Minuten ziehen und etwas abkühlen lassen.
Traubensaft, Tee, Rohrzucker und Agavendicksaft gut miteinander verrühren. Mit Mineralwasser auffüllen.
Die halbierten Trauben auf die Gläser verteilen, Limonade darübergießen und servieren.

Zutaten für etwa 4–6 Gläser

500 g reife, kernlose Bio-Weintrauben,
1 unbehandelte Zitrone, *2 Beutel* Früchtetee,
2 EL Rohrzucker, *1 EL* Agavendicksaft und
300 ml eiskaltes Mineralwasser

Blaue Trauben, frisch gepflückt, verwöhnen mit vollem Spätsommeraroma.

KRÄUTERLIMONADE

Ginger Ale und Mineralwasser in einen großen Topf füllen. Von einer Limette und von einer Zitrone den Saft auspressen und zur Flüssigkeit im Topf geben. Die anderen Zitrusfrüchte in Scheiben schneiden. Einige Scheiben für die Dekoration beiseitelegen, die restlichen Scheiben in die angesetzte Limonade geben.
Die Kräuter waschen, trocken schütteln, die Blätter abzupfen und in die Limonade rühren. Für mindestens 2 Stunden kalt stellen und durchziehen lassen.
Die Limonade in Gläser füllen, mit Limettenscheiben garnieren und servieren. Wer mag, kann zusätzlich Eiswürfel ins Glas geben.

Zutaten für gut 3 Liter

1 l Ginger Ale, *2 l* Mineralwasser, *3* unbehandelte Limetten, *3* unbehandelte Zitronen, *4 Stängel* Verbene, *4 Stängel* Zitronenmelisse und Eiswürfel nach Belieben

NOTIZEN

Die optimale Erfrischung bei Sommerhitze!
Kräuterlimonade lässt sich in großen Einmachgläsern im Kühlschrank für mindestens 3 Tage aufbewahren.

MAIBOWLEN-LIMONADE

MIT WALDMEISTER

In einer Bowleschüssel in 1 Liter Wasser den Rohrzucker und den Vanillezucker unter Rühren auflösen. Den Zitronensaft zugeben.
Waldmeister, Zitronenmelisse und Minze waschen, zusammenbinden und kopfüber so in die Flüssigkeit hängen, dass nur die oberen Pflanzenteile eintauchen. Für 1 Stunde ziehen lassen, die Kräuter entfernen und den Bowlenansatz kalt stellen.
In der Zwischenzeit die Zitronen in feine Scheiben schneiden. Kurz vor dem Servieren in die Bowle geben. Ganz zum Schluss das Mineralwasser zugeben. Nach Belieben Eiswürfel in die Gläser geben und mit »Bowle« auffüllen.

Zutaten für etwa 1,5 Liter

2 EL brauner Rohrzucker, *1 Pck.* Vanillezucker, frisch gepresster Saft von *1* Zitrone, *4 Stängel* Waldmeister ohne Blüten, *1 Stängel* frische Zitronenmelisse, *1 Stängel* frische Minze, *2* unbehandelte Zitronen, *500 ml* eiskaltes Mineralwasser und Eiswürfel nach Belieben

Den aromatischen Waldmeister möglichst frisch gepflückt verwenden!

ZITRONEN-GINGER-ALE-LIMONADE

SCHMECK DEN SOMMER

Tee, Ginger Ale und Zitronensaft in ein Gefäß gießen. Die Zitronenmelisse waschen und in die angesetzte Limonade geben. Für 2 Stunden kalt stellen und ziehen lassen.
Die Gurke waschen, achteln, die Kerne entfernen und die Gurke in ca. 4 cm lange Stücke schneiden. In die Limonade geben.
Die Limetten und die Orange in Scheiben schneiden. Einige Scheiben für die Dekoration beiseitelegen, die anderen in die Limonade geben. Nochmals 1 Stunde kalt ziehen lassen.
Nur wenige Eiswürfel zugeben, denn sie verwässern in diesem Fall den Geschmack der aromatisch-frischen und durstlöschenden Limonade.

Zutaten für etwa 6–8 Gläser

500 ml kalter aromatisierter Kräuter-Früchte-Tee (z. B. Apfel-Minze, Zitrone-Verbene), *6 Flaschen (à 125 ml)* Ginger Ale, *100 ml* frisch gepresster Zitronensaft, *4 Stängel* Zitronenmelisse, *1* Bio-Salatgurke, *2* unbehandelte Limetten, *1* unbehandelte Orange und Eiswürfel nach Belieben

NOTIZEN

Ginger Ale ist eine Limonade mit Auszügen aus der Ingwerwurzel, die sich hervorragend zum Mixen nachhaltig erfrischender Sommergetränke eignet.

SOMMERDRINKS

Kürbis-Pfirsich-Bowle, Seite 54

FRUCHTBOWLE
MIT BOMBIGEM AROMA

Den Ananassirup mit 375 ml Wasser und dem Zitronensaft in eine Bowleschüssel geben und den Anis einstreuen. Gut verrühren.
Orangen und Limetten ungeschält – bis auf vier Scheiben zum Dekorieren – in kleine Stücke schneiden.
Die Erdbeeren putzen, halbieren und mit den Orangen- und Limettenstücken zum Bowlenansatz geben. Diesen für 1 gute Stunde kalt stellen.
Den Bowlenansatz mit Mineralwasser nach Belieben auffüllen. Die Bowlegläser zum Servieren mit Orangen- und Limettenscheiben dekorieren.

NOTIZEN

Zutaten für etwa 4 Gläser

100 g Ananassirup, *125 ml* frisch gepresster Zitronensaft, *1/2 TL* gemahlener Anis, *2* unbehandelte Orangen, *2* unbehandelte Limetten, *250 g* Erdbeeren und eiskaltes Mineralwasser zum Auffüllen

Die lakritzähnliche Süße vom Anis harmoniert besonders gut mit Erdbeeren und einer Ananasnote – so wird die Erdbeerbowle zu einer fruchtigen Aromabombe!

HOLUNDERBLÜTEN-GESPRITZTER

Holunderblüten sind ein Traum – in der Natur und auch im Glas.

Die Holunderblütendolden kräftig schütteln, damit kein Tierchen zurückbleibt. Die Blüten abzupfen und in zwölf mit Wasser gefüllte Eiswürfelförmchen legen. Einfrieren.
Die Teebeutel mit kochendem Wasser aufgießen, für etwa 10 Minuten ziehen lassen und den Tee kalt stellen.
Die Zitronen in dünne Scheiben schneiden. Auf die Gläser verteilen und den Holunderblütensirup darüberträufeln. Die Blüteneiswürfel ebenfalls auf die Gläser verteilen. Mit Tee und Mineralwasser auffüllen.

Zutaten für etwa 4 Gläser

4–6 Holunderblütendolden, *2 Beutel* Zitronenmelissetee, *2* unbehandelte Zitronen, *10 EL* Holunderblütensirup und *600 ml* kaltes Mineralwasser

Die Holunderblüten schwimmen nach dem Auflösen der Eiswürfel wie kleine Wölkchen im Glas.

LIMETTEN-SPRITZ
MIT HOLUNDERBLÜTEN

In einem Topf 4 Liter Wasser aufkochen und dann abkühlen lassen. Die Zitrone auspressen und die Limetten in feine Scheiben schneiden. Den Zucker mit dem Zitronensaft und den Limettenscheiben in eine Schüssel geben. Alles vorsichtig umrühren.
Die Holunderblütendolden gut ausschütteln, um kleine »Bewohner« zu entfernen. Die Dolden in eine Bowlenschüssel legen. Das Wasser und die Zucker-Zitronen-Mischung über die Dolden gießen. Gut umrühren, damit sich der Zucker vollständig löst.
Die Schüssel mit Küchenpapier abdecken und an ein helles Fenster stellen. Dort für 2 bis 3 Tage ziehen lassen.
Wenn Bläschen aufsteigen, ist der Spritz fertig. Nach Belieben mit Eiswürfeln servieren.

Zutaten für etwa 2,5 Liter

1 Zitrone, *2* unbehandelte Limetten, *400 g* Zucker,
20 Holunderblütendolden und Eiswürfel nach Belieben

NOTIZEN

Vor dem Trinken nachschauen, ob sich Schleim gebildet hat – dann war die Mühe leider umsonst. Das passiert aber sehr selten!

KAROTTEN-ORANGEN-DRINK

Karottensaft, Orangensaft, Zitronensaft, Honig und Bitter Lemon gut verrühren. Mit Mineralwasser auffüllen und Eiswürfel nach Belieben zugeben.
Die Gläser mit Zitronenscheiben und etwas frischem Karottengrün dekorieren.

Zutaten für etwa 4 Gläser

60 ml Karottensaft, *60 ml* frisch gepresster Orangensaft, *1 EL* frisch gepresster Zitronensaft, *1 EL* Honig, *40 ml* Bitter Lemon, *750 ml* eiskaltes Mineralwasser, Eiswürfel nach Belieben, Zitronenscheiben und frisches Karottengrün zum Dekorieren

NOTIZEN

Der Saft junger Karotten und frischer Orangen bringt Power und Fitness.

SOMMERLICHE
KÜRBIS-PFIRSICH-BOWLE

Das Kürbisfruchtfleisch in kleine Würfel von ca. 1 cm x 1 cm Größe schneiden. In einen großen Krug füllen und mit dem Zucker bestreuen.
Den Zitronensaft dazugeben, alles gut vermischen und über Nacht ziehen lassen. Danach sind die Kürbiswürfel sehr zart.
Die Pfirsiche vierteln, entkernen, häuten, ebenfalls würfeln und in den Krug geben. Mit dem Pfirsichsaft aufgießen und mit Zucker abschmecken. Das Ganze sehr kalt stellen. Mit Mineralwasser nach Belieben auffüllen.

Zutaten
für etwa 6–8 Gläser

1 kg Butternut-Kürbis-Fruchtfleisch, *4 EL* Rohrzucker, frisch gepresster Saft von *2* Zitronen, *4* gelbfleischige Pfirsiche, *2 l* Pfirsichsaft und eiskaltes Mineralwasser zum Auffüllen

NOTIZEN

Ein Rezept aus der Steiermark – einige zusätzliche Spritzer Pfirsichsirup bringen noch mehr fruchtigen Pep. Sie können auch einen anderen gelbfleischigen Kürbis verwenden.

Mit Trendgetränk MATCHA TEE

MATCHA-GURKEN-BOWLE

MIT MELONE

NOTIZEN

....

....

....

....

....

....

....

....

Das Matcha-Teepulver mit 600 ml kochendem Wasser überbrühen und für gut 10 Minuten offen ziehen lassen. Durch ein Sieb gießen und kalt stellen.
Die Gurke schälen und kleine Kugeln ausstechen. Die Melone schälen, entkernen und ebenfalls Kugeln aus dem Fruchtfleisch ausstechen.
Kreuzkümmel und Rohrzucker in den Matcha-Tee einrühren. Den Tee und das Mineralwasser in ein großes Gefäß geben. Die Kräuter waschen und trocken schütteln. Von der Minze vier Stängel für die Dekoration beiseitelegen. Von den übrigen Stängeln die Blättchen abzupfen, fein schneiden und in die Flüssigkeit geben. Die Rosmarinnadeln abzupfen und fein hacken, um die ätherischen Öle freizusetzen, und ebenfalls in die Flüssigkeit geben.
Die Melonen- und die Gurkenkugeln vorsichtig in die Bowle gleiten lassen. Die Gläser zum Servieren mit Minze dekorieren, nach Belieben Eiswürfel zugeben.

Zutaten für 4–6 Gläser

1 guter TL Matcha-Tee, *1* Salatgurke, *1* Galia-Melone, *1 Prise* Kreuzkümmel, *4 EL* Rohrzucker, *1 l* eiskaltes Mineralwasser, *8 Stängel* frische Minze, *1 Zweig* Rosmarin und Eiswürfel nach Belieben

Mit Trendgetränk MATCHA TEE

MATCHA-SOMMERDRINK

NOTIZEN

....

....

....

....

....

....

....

....

Die Honigmelonen schälen, entkernen und das Fruchtfleisch würfeln. In einem Topf die Melonenstücke in 400 ml Wasser mit Zitronensaft und Rohrzucker kurz dünsten und dann alles pürieren. Abkühlen lassen und kalt stellen. Die Kräuter waschen und trocken schütteln. Die Blätter abzupfen und hacken.
Anschließend Melonenpüree, Matcha-Tee und Kräuter miteinander fein pürieren. Mit Zitronensaft und Rohrzucker abschmecken.

Zutaten für etwa 4–6 Gläser

2 Honigmelonen, *4 EL* Zitronensaft, *30 g* Rohrzucker, *4 Stängel* Basilikum, *2 Stängel* Zitronenthymian und *350 ml* kalter Matcha-Tee

Matcha-Tee gehört zu den besten Grüntees und hat einen hohen Vitamingehalt. Tee aus früher Ernte hat einen lieblich-süßen, aus späterer Ernte einen leicht herben Geschmack. Matcha-Tee sollte frisch verbraucht bzw. nach der Öffnung der Verpackung im Kühlschrank aufbewahrt werden.

APFEL-SALBEIBLÜTEN-BOWLE

Die Äpfel ungeschält entkernen und in dünne Scheiben schneiden. Übereinander in eine passende Bowlenschüssel schichten. Die Zitronen auspressen, den Saft über die Äpfel gießen und mit Zucker, Zimt und den Gewürznelken bestreuen.
Das Bier darübergießen alles zugedeckt für 1 Stunde ziehen lassen. Die frischen Salbeiblüten dazugeben und alles im Kühlschrank für 1 weitere Stunde kühl stellen.

Zutaten für etwa 6 Gläser

4 unbehandelte rote säuerliche Äpfel, *4* unbehandelte Zitronen, *300 g* Rohrzucker, *1/2 TL* gemahlener Zimt, *2* Gewürznelken, *3 Flaschen* alkoholfreies Bier und *1 Handvoll* frische Salbeiblüten

NOTIZEN

Die Salbeiblüten vertragen sich wunderbar mit dem säuerlichen Geschmack der Äpfel.

AROMATISCH DUFTENDE
ROSMARIN-PFIRSICH-BOWLE

Die Rosmarinnadeln hacken, damit sich die ätherischen Öle lösen. Die Nadeln in ein hohes Gefäß geben und mit dem Ginger Ale übergießen. Verschließen und für mindestens 2 Tage an einem kühlen, hellen Ort ziehen lassen. Anschließend die Flüssigkeit durch ein Sieb abgießen.
In einem Topf 250 ml Wasser sprudelnd zum Kochen bringen und den Zucker darin auflösen. Den Läuterzucker zum Abkühlen beiseitestellen.
Die Pfirsiche vierteln, entkernen und die Haut abziehen. Die Limetten in Scheiben schneiden.
In einem hohen Gefäß die Rosmarin-Ginger-Ale-Mischung mit dem Läuterzucker verrühren. Den Limettensaft, die geviertelten Pfirsiche und die Limettenscheiben zufügen. Einige Limettenscheiben für die Dekoration aufbewahren. Mit Mineralwasser aufgießen und nach Belieben mit Eiswürfeln servieren.

Zutaten
für etwa 4 Gläser

20 g frische Rosmarinnadeln, *75 ml* Ginger Ale, *250 g* Zucker, *8* reife Pfirsiche, *2* unbehandelte Limetten, frisch gepresster Saft von *1* Limette, *1 l* eiskaltes Mineralwasser zum Auffüllen und Eiswürfel nach Belieben

NOTIZEN

....

....

....

....

....

....

....

....

TANNENSPITZEN-DRINK

NOTIZEN

Die gereinigten Tannentriebe in ein Schraubglas (750 ml) geben und randvoll mit Wasser auffüllen. Das Glas für 3 Tage an einen sonnigen, warmen Platz stellen.
Danach die Tannentriebe mit dem Wasser und der Hälfte des Zuckers aufkochen. Alles 20 Minuten köcheln lassen, bis die Flüssigkeit reduziert ist, anschließend absieben und die Flüssigkeit auffangen.
Die andere Hälfte des Zuckers zur Flüssigkeit geben, umrühren und den Sirup nochmals aufkochen und etwas reduzieren. Die Zitronensäure einrühren.
Etwa 3 Teelöffel Tannensirup in ein Glas geben und mit Mineralwasser auffüllen – ein echtes »Waldgefühl«.

Zutaten für etwa 6 kleine Gläser

2 Handvoll zarte, junge Fichten- oder Weißtannentriebe, *800 g* nicht raffinierter Rohrzucker, *25 g* Zitronensäure und Mineralwasser zum Auffüllen

Die Tannentriebe sollten im Mai frisch gepflückt werden, man kann sie für einen späteren Gebrauch gut einfrieren. In eine sterile, gut verschließbare Flasche oder in Schraubgläser gefüllt hält sich der Tannensirup mindestens 6 Monate lang.

VIRGIN CAIPIRINHA
SOMMERCOCKTAIL NO. 1

NOTIZEN

Drei Limetten achteln und in hohe Gläser geben. Den Rohrzucker darauf verteilen. Mit einem Stößel die Limettenstücke zerdrücken, sie sollen dabei viel Saft abgeben. Crushed Ice darübergeben und alles mit Ginger Ale auffüllen.
Eine Limette in Scheiben schneiden und als Garnitur auf den Glasrand setzen.

Zutaten
für etwa 2–3 Gläser

4 unbehandelte Limetten, *2 EL* unbehandelter Rohrzucker, Crushed Ice und *600 ml* Ginger Ale

Caipirinha kommt aus dem Brasilianischen und ist die Verkleinerung von caipira, ein alkoholisches Mischgetränk aus Zuckerrohrschnaps, Limettensaft, Zucker und Eis. Selbst die »Virgin« -Ausführung schmeckt frisch und knackig!

VIRGIN MOJITO
SOMMERCOCKTAIL NO. 2

NOTIZEN

In einem kleinen Topf 250 ml Wasser mit dem Zucker zum Kochen bringen, bis sich der Zucker aufgelöst hat. Die Minzeblätter zerzupfen – damit sie ihr ätherisches Öl freisetzen – und in der Zuckerlösung so lange ziehen lassen, bis diese ein Minzaroma angenommen hat. Den Minzsirup absieben und kalt stellen.
Die Wassermelone schälen, entkernen und das Fruchtfleisch pürieren. Das Melonenpüree mit Minzsirup nach Belieben mischen und in hohe Gläser geben. Mit Mineralwasser auffüllen und Eiswürfel nach Belieben zugeben. Die Limette in Scheiben schneiden und die Gläser damit dekorieren.

Zutaten für etwa 2–4 Gläser

200 ml Zucker, *1 Handvoll* frische Minzeblätter, *1/4* Wassermelone, eiskaltes Mineralwasser zum Auffüllen, Eiswürfel nach Belieben und *1* unbehandelte Limette zum Dekorieren

SORBETS UND GRANITÉS

Basilikum

ZUBEREITUNG – GANZ EINFACH

Sorbets schmecken in unendlich vielen Variationen und das Selbermachen lohnt sich nicht allein, weil selbst gemachtes Sorbet besser schmeckt: Der Zuckergehalt bei gekauften Produkten ist meist höher und der Fruchtgehalt meist geringer. Die verwendeten Früchte verfügen aber bereits über eine natürliche Süße und die zuzufügende Zuckermenge dosieren Sie besser ganz nach Belieben selbst. So ist immer ein köstlich-erfrischendes Dessert zur Hand, wenn es danach gelüstet. Erwarten Sie Gäste, ist der coole Kick mit dem zarten Schmelz außerdem gut vorzubereiten.

Die Sorbetzubereitung ist verblüffend leicht und gelingt ganz wunderbar ohne Eismaschine. Verwenden Sie Läuterzucker: Dabei handelt es sich um eine Zucker-Wasser-Lösung, die durch Kochen klar wird. In der Regel empfiehlt sich ein Mischungsverhältnis von 1 Teil Wasser auf 1 Teil Zucker, also etwa zum Beispiel 100 ml Wasser auf 100 g Zucker, das Mischungsverhältnis variiert aber für unterschiedliche Zubereitungen und ganz nach Geschmack – in den Rezepten finden Sie Empfehlungen für die Menge. Läuterzucker verhindert, dass das Sorbet ganz einfriert und ist für dessen Cremigkeit zuständig. Also nicht *zu* sehr am Zucker sparen! Neben süßen Sorbets gibt es außerdem herzhafte, sie alle sind als Vorspeise, Snack oder als Dessert zu genießen.

- Zwei Schüsseln (geeignetes Glas oder Metall sind besser als Kunststoff) ins Kühl- beziehungsweise Gefrierfach Ihres Kühlschranks stellen.

- Früchte bzw. andere Zutaten klein schneiden und mit vorbereitetem Läuterzucker und allen anderen Zutaten mischen, dann pürieren.

- Die Sorbet- oder Granitémischung in eine der gekühlten Schüsseln geben (auf diese Weise gefrieren sie schneller) und ins Kühlfach stellen.

- Nach 1 bis 2 Stunden (je nach Gefriergut) aus dem Kühlfach nehmen und das Sorbet locker aufschlagen, damit die Eiskristalle voneinander gelöst werden und das Sorbet cremig-schmelzend wird oder das Granité mit einer Gabel grob verrühren, damit sich das Gefriergut zwar löst, die Eiskristalle aber noch erkennbar und knackig sind.

- In die zweite gekühlte Schüssel umfüllen und für weitere ungefähr 2 bis 4 Stunden (je nach Gefriergut) frieren lassen. Währenddessen mindestens noch einmal, besser öfter, bearbeiten.

- Nach dem Herausnehmen aus dem Kühlfach nochmals bearbeiten und sofort servieren.

Mit Trendgetränk MATCHA TEE

BASILIKUM-PESTO-SORBET

NOTIZEN

Etwa 400 ml Wasser zum Kochen bringen und den Matcha-Tee darin für 15 Minuten ziehen lassen. Danach den Tee absieben und kalt stellen.
Basilikum waschen und trocken schütteln. Die Basilikumblättchen abzupfen. Zusammen mit dem Öl fein pürieren. Den Zitronensaft und den Läuterzucker unterrühren und mit dem Pfeffer würzen.
Das Pesto nun mit dem Matcha-Tee gut verrühren. In eine vorgekühlte Schüssel füllen und ins Kühlfach stellen. Das Sorbet nach 1 bis 2 Stunden aus dem Kühlfach nehmen und cremig-locker aufschlagen. In eine zweite gekühlte Schüssel umfüllen und für weitere 2 Stunden frieren lassen. Währenddessen mindestens noch einmal, besser öfter, aufschlagen. Zum Anrichten aus dem Kühlfach nehmen, nochmals aufschlagen und sofort servieren.

Zutaten für etwa 4 Portionen

1 Teemaß Matcha, *1 Bund* Basilikum, *50 ml* kalt gepresstes Olivenöl, *1 EL* Zitronensaft, *200 ml* Läuterzucker und frisch gemahlener weißer Pfeffer

Mit seinem frischen Geschmack passt das Pesto-Sorbet zu vielen Frischkäsesorten und auch zu Melonen bzw. Speisen mit Melonen.

Basilikum

BASILIKUMGRANITÉ
MIT LIMETTEN

Die Basilikumstängel waschen, trocken schütteln und von zu langen oder sehr kräftigen Stängeln die Blätter abzupfen. Mit etwas Zitronenlimonade fein pürieren. Nach und nach den Zucker zugeben und mit Limonade aufgießen, dabei immer wieder abschmecken, damit die Limonade nicht zu süß wird.
Die Limetten auspressen und den Saft ebenfalls zugeben. Alles gut verrühren und abschmecken. Falls es nicht süß genug erscheint, noch etwas Zucker zugeben.
In einen Behälter füllen und ins Kühlfach stellen. Etwa 2 bis 4 Stunden gefrieren lassen und währenddessen öfter mit einer Gabel grob verrühren. Vor dem Servieren im Kühlschrank etwas auftauen lassen und aus dem Behälter kratzen.
Mit Limettenscheiben dekorieren und – nicht nur – im heißen Sommer genießen.

Zutaten für etwa 6–8 Portionen

1 Topf Basilikum, *400 ml* Zitronenlimonade,
200 g Zucker, *3* Limetten und Limettenscheiben zum Dekorieren

NOTIZEN

....

....

....

....

....

....

....

....

ERDBEER-HIMBEER-SORBET

EINFACH UND LECKER

NOTIZEN

Die Beeren auftauen. Mit ihrem Saft in einen Mixer geben und pürieren. Alternativ die Beeren durch ein Sieb passieren, um die Kerne zu entfernen. Das Fruchtpüree kalt stellen.

Wasser mit dem Zucker vermischen und aufkochen lassen, bis der Zucker aufgelöst ist und 400 ml Läuterzucker ensteht.

Das Beerenpüree mit dem Limettensaft und dem Läuterzucker verrühren.

In eine vorgekühlte Schüssel füllen und ins Kühlfach stellen. Das Sorbet nach 1 bis 2 Stunden aus dem Kühlfach nehmen und cremig-locker aufschlagen. In eine zweite gekühlte Schüssel umfüllen und für weitere 2 Stunden frieren lassen. Währenddessen mindestens noch einmal, besser öfter, aufschlagen. Zum Anrichten aus dem Kühlfach nehmen, nochmals aufschlagen und sofort servieren.

Zutaten für etwa 6 Portionen

500 g gemischte Beeren (tiefgefroren), *200 g* Zucker, *2 TL* Limettensaft, frische Beeren für die Garnitur

GRANATAPFELSORBET
FARBINTENSIV UND GESUND

Den Granatapfelsaft mit Zucker aufkochen und nach dem Auflösen des Zuckers abkühlen lassen. Die Mandelblättchen in einer Pfanne ohne Fett anrösten.
Die Granatäpfel aufschneiden, den austretenden Saft auffangen und in den Sirup gießen. Die Granatapfelkerne lösen, zur Hälfte pürieren und die andere Hälfte zum Dekorieren beiseitelegen. Das Granatapfelpüree ebenfalls in den Sirup rühren.
Die Sorbetmischung in eine vorgekühlte Schüssel füllen und ins Kühlfach stellen. Das Sorbet nach 1 bis 2 Stunden aus dem Kühlfach nehmen und cremig-locker aufschlagen. In eine zweite gekühlte Schüssel umfüllen und für weitere 2 Stunden frieren lassen. Währenddessen mindestens noch einmal, besser öfter, aufschlagen. Zum Anrichten aus dem Kühlfach nehmen, nochmals aufschlagen und sofort servieren.
Zum Servieren das Sorbet in einen Spritzbeutel füllen und in Gläser dressieren. Mit roten Granatapfelkernen und gerösteten Mandelblättchen dekorieren.

NOTIZEN

Zutaten für etwa 4 Portionen

400 ml Granatapfelsaft, *125 g* Zucker, *50 g* Mandelblättchen und *2* reife Granatäpfel

Der Granatapfel muss tiefrot sein, um süß zu schmecken. Die Kerne dürfen keine weißen Fruchthäute mehr aufweisen, sonst sind sie bitter. Die exotische Frucht ist auch eine Gesundheitsgranate – die etwas aufwendige Zubereitung lohnt sich!

GRAPEFRUITGRANITÉ
SÜSS-SAUER

Bitter mit dem Zucker erwärmen.
Verrühren, bis sich der Zucker aufgelöst hat. Grapefruit- und Orangensaft zugießen und vermischen. In einen Behälter füllen und ins Kühlfach stellen. Etwa 2 bis 4 Stunden gefrieren lassen und währenddessen öfter mit einer Gabel grob verrühren. Vor dem Servieren im Kühlschrank etwas auftauen lassen und aus dem Behälter kratzen.
Kurz vor dem Servieren in Gläser füllen und mit frischen Pfefferminzstängeln dekorieren.

Zutaten für etwa 6–8 Portionen

300 ml alkoholfreies Bittergetränk (z. B. Sanbitter), *100 g* Zucker, *300 ml* rosa Grapefruitsaft, *200 ml* Orangensaft und frische Pfefferminze zum Dekorieren

NOTIZEN

....

....

....

....

....

....

....

....

Die Grapefruit hat neben ihren Zitrusnoten noch ausgeprägte Kräuteraromen. Die rosafarbene Grapefruit schmeckt süßer als ihre gelbe bittere Schwester.

MARIENGRASGRANITÉ

Mariengras, das nach Vanille duftende Wiesengras

Den Zucker mit 250 ml Wasser aufkochen lassen, rühren, bis sich der Zucker gelöst hat und Läuterzucker entstanden ist.
Das Mariengras klein schneiden und zum Läuterzucker geben. Kurz aufkochen lassen und dann für einige Stunden ziehen lassen.
Die Gelatine 10 Minuten in kaltem Wasser einweichen. Die Blätter ausdrücken und unter die Flüssigkeit rühren. Den Mariengrassud durch ein Sieb passieren. In einen Behälter füllen und ins Kühlfach stellen. Etwa 2 bis 4 Stunden gefrieren lassen und währenddessen öfter mit einer Gabel grob verrühren. Vor dem Servieren im Kühlschrank etwas auftauen lassen und aus dem Behälter kratzen.

Zutaten für etwa 4 Portionen

200 g Zucker, *2 Handvoll* angetrocknetes Mariengras (Süßgras) und *2 Blätter* Gelatine

*Mariengras erhalten Sie in der Gärtnerei auf Nachfrage.
Das Mariengras sollten Sie leicht angetrocknet verarbeiten, weil dadurch das Aroma besser aus dem Gras zu erschließen ist.*

ERDBEERGRANITÉ
MIT FRISCHER MINZE

Die Erdbeeren putzen, waschen und klein schneiden. Die Minze oder Zitronenmelisse ebenfalls waschen, trocken schütteln und die Blätter abzupfen, einige für die Dekoration beiseitelegen. Anschließend Früchte und Kräuter mit dem Zucker fein pürieren.
Die Zitrone waschen, trocken reiben und die Hälfte der Zitronenschale ins Püree reiben. Dann die Zitrone auspressen und den Saft zum Püree geben, alles gut verrühren. In einen Behälter füllen und ins Kühlfach stellen. Etwa 2 bis 4 Stunden gefrieren lassen und währenddessen öfter mit einer Gabel grob verrühren. Vor dem Servieren im Kühlschrank etwas auftauen lassen und aus dem Behälter kratzen.
Das Granité vor dem Servieren mit Minzeblättchen dekorieren.

Zutaten für etwa 6–8 Portionen

500 g Erdbeeren, *2 Stängel* Pfefferminz- oder Zitronenmelisse, *150 g* Zucker, *1* unbehandelte Zitrone, *400 ml* roter Fruchtsaft

NOTIZEN

ROTES-JOHANNISBEER-GRANITÉ

NOTIZEN

....

....

....

....

....

....

....

....

Die Johannisbeeren waschen und abzupfen. Die Beeren in eine hohe Schüssel geben. Die Säfte und den Zucker zugeben. Alles miteinander gut pürieren.
Die Melisse waschen, trocken schütteln und von zwei Stängeln die Blättchen abzupfen. Fein schneiden und mit in das Püree geben.
In einen Behälter füllen und ins Kühlfach stellen. Etwa 2 bis 4 Stunden gefrieren lassen und währenddessen öfter mit einer Gabel grob verrühren. Vor dem Servieren im Kühlschrank etwas auftauen lassen und aus dem Behälter kratzen.
Zum Servieren an der Oberfläche etwas auftauen lassen und mit Melisse dekorieren.

Zutaten für etwa 4–6 Portionen

500 g rote Johannisbeeren, *300 ml* Johannisbeersaft, frisch gepresster Saft von *1* Zitrone, *150 g* Zucker und *3 Stängel* Melisse

PFEFFERMINZSORBET
FRISCH UND GRÜN

NOTIZEN

Den Zucker mit 250 ml Wasser aufkochen lassen, rühren, bis sich der Zucker gelöst hat und Läuterzucker entstanden ist. Den Tee mit heißem Wasser aufgießen und zum Läuterzucker geben. Minze waschen, trocken schütteln und von zwei Stängeln die Blätter abzupfen. In die abgekühlte Sorbetflüssigkeit geben.
Die Teebeutel entfernen und den Sud einige Stunden durchziehen lassen, dann durch ein Sieb passieren. Den Zimt einstreuen und gut verrühren. In eine vorgekühlte Schüssel füllen und ins Kühlfach stellen. Das Sorbet nach 1 bis 2 Stunden aus dem Kühlfach nehmen und cremig-locker aufschlagen. In eine zweite gekühlte Schüssel umfüllen und für weitere 2 Stunden frieren lassen. Währenddessen mindestens noch einmal, besser öfter, aufschlagen. Zum Anrichten aus dem Kühlfach nehmen, nochmals aufschlagen und sofort servieren. Zum Servieren mit einigen Minzeblättchen dekorieren.

Zutaten für etwa 4 Portionen

100 g Zucker, *2 Beutel* Pfefferminztee,
3 Stängel Minze und *1/2 TL* gemahlener Zimt

Dieses frische Sorbet passt an einem heißen Nachmittag wunderbar zu kleinen Keksen.

ORANGENGRANITÉ

Aus dem Zucker und 3 EL Wasser Läuterzucker herstellen (s. S. 86).
Anschließend die Orangen schälen. Dabei den Saft auffangen. Die Segmente filetieren und die Orangenfilets grob hacken. Danach mit dem aufgefangenen Saft, dem Salz und dem Saft der Zitrone fein pürieren. Alles durch ein Sieb in eine Schüssel streichen.
Den Läuterzucker zu dem Orangenpüree zugeben und gut verrühren.
In einen Behälter füllen und ins Kühlfach stellen. Etwa 2 bis 4 Stunden gefrieren lassen und währenddessen öfter mit einer Gabel grob verrühren. Vor dem Servieren im Kühlschrank etwas auftauen lassen und aus dem Behälter kratzen.

Zutaten

für etwa 4–6 Portionen

150 g Zucker, *8* vollreife Saftorangen, *1 Prise* Salz und frisch gepresster Saft von *1* Zitrone

NOTIZEN

Granités schmecken im heißen Sommer auch sehr gut als kleine Erfrischung zu einem Dessert.

ROSEN-HIMBEER-PFEFFERMINZ-SORBET

Den Zucker mit 200 ml Wasser aufkochen lassen und so lange rühren, bis sich der Zucker gelöst hat. Den Läuterzucker abkühlen lassen.
Die Himbeeren putzen, waschen und fein pürieren. Wer die Kerne nicht mag, sollte das Püree noch durch ein Sieb streichen.
Die Minze waschen und trocken schütteln. Die Rosenblätter abziehen, einige für die Dekoration beiseitelegen. Die anderen Blätter fein zerzupfen und in das Püree geben. Den Läuterzucker zugießen. 2 TL Rosenwasser sowie die Minzeblättchen von zwei Stängeln zufügen und alles noch einmal pürieren.
Abschmecken und das übrige Rosenwasser unterrühren. In eine vorgekühlte Schüssel füllen und ins Kühlfach stellen. Das Sorbet nach 1 bis 2 Stunden aus dem Kühlfach nehmen und cremig-locker aufschlagen. In eine zweite gekühlte Schüssel umfüllen und für weitere 2 Stunden frieren lassen. Währenddessen mindestens noch einmal, besser öfter, aufschlagen. Zum Anrichten aus dem Kühlfach nehmen, nochmals aufschlagen und sofort servieren.
In vorgekühlten Gläsern mit einigen Minz- und Rosenblättern dekoriert servieren.

Zutaten für etwa 4 Portionen

150 g Zucker zzgl. etwas zum Abschmecken, *200 g* Himbeeren, *4 Stängel* Pfefferminze, *6* Rosenblüten von unbehandelten Rosen und *4 TL* Rosenwasser

ROTES FRUCHTGRANITÉ
MIT HIMBEEREN UND TRAUBEN

NOTIZEN

Die Himbeeren putzen und waschen, einige Früchte für die Dekoration beiseitelegen. Die Trauben waschen und trocken tupfen. Abzupfen, einige Trauben für die Dekoration am Zweig lassen.
Die Früchte mit dem Sirup fein pürieren und das Püree durch ein Sieb streichen, um Kerne und Schalen herauszufiltern.
Danach die gemahlenen Mandeln unterrühren und mit dem Mineralwasser auffüllen.
In einen Behälter füllen und ins Kühlfach stellen. Etwa 2 bis 4 Stunden gefrieren lassen und währenddessen öfter mit einer Gabel grob verrühren. Vor dem Servieren im Kühlschrank etwas auftauen lassen und aus dem Behälter kratzen.
Zum Servieren in Gläser füllen. An jedes Glas einen kleinen Traubenzweig hängen und Himbeeren auf dem Granité platzieren.

Zutaten für etwa 4–6 Portionen

200 g Himbeeren, *200 g* kernlose rote Trauben, *6 EL* roter Fruchtsirup, *50 g* gemahlene Mandeln und *200 ml* Mineralwasser

Die Mandeln verleihen dem Fruchtgranité das weiche, runde Aroma.

TOMATENSORBET
HARMONISCH FEIN

Die Tomaten kreuzweise einschneiden und mit heißem Wasser übergießen. Abschrecken und die Tomaten häuten, halbieren und entkernen.
Den Ingwer schälen und reiben. Die Minze waschen, trocken schütteln und die Blättchen abzupfen.
Tomaten, Ingwer und Minze miteinander fein pürieren. Den Ahornsirup und Zitronensaft unterrühren und mit Muskat und Salz abschmecken.
In eine vorgekühlte Schüssel füllen und ins Kühlfach stellen. Das Sorbet nach 1 bis 2 Stunden aus dem Kühlfach nehmen und cremig-locker aufschlagen. In eine zweite gekühlte Schüssel umfüllen und für weitere 2 Stunden frieren lassen. Währenddessen mindestens noch einmal, besser öfter, aufschlagen. Zum Anrichten aus dem Kühlfach nehmen, nochmals aufschlagen und sofort servieren.

Zutaten für etwa 6 Portionen

500 g vollreife Freilandtomaten, *2 cm* frischer Ingwer, *2 Stängel* Minze, *1 TL* Ahornsirup, *2 EL* frisch gepresster Zitronensaft, *1 Prise* Muskat und Salz

In Österreich werden Tomaten »Paradeiser« genannt.

WASSERMELONENSORBET

SÜSSE ERFRISCHUNG

Das Melonenfruchtfleisch von der Schale lösen, entkernen, klein schneiden und pürieren. Mit Läuterzucker, Limettensaft und Zimt vermischen.
In eine gekühlte Schüssel füllen und 1 Stunde vorgefrieren. Das Eiweiß sehr steif schlagen. Die Sorbetmischung locker aufschlagen und den Eischnee vorsichtig unterheben.
Wieder in eine vorgekühlte Schüssel füllen und ins Kühlfach stellen. Das Sorbet nach 1 bis 2 Stunden aus dem Kühlfach nehmen und nochmals cremig-locker aufschlagen. In eine weitere gekühlte Schüssel umfüllen und wieder 2 Stunden frieren lassen. Währenddessen mindestens noch einmal, besser öfter, aufschlagen.
Zum Anrichten aus dem Kühlfach nehmen, nochmals aufschlagen und mit einigen Zitronenmelisseblättern dekoriert servieren.

NOTIZEN

Zutaten für etwa 4 Portionen

1 Wassermelone (ca. 1 kg), *400 ml* Läuterzucker, Saft von *1* Limette, *1 EL* gemahlener Zimt, *1* Eiweiß und Zitronenmelisse zum Dekorieren

Das Zimtaroma dieses frischen Sorbets lässt uns in Gedanken an einem Schattenplatz unter duftenden Pinien an einem See sitzen.

FRISCHES ZITRONENSORBET

Zutaten für etwa 4 Portionen

2 unbehandelte Zitronen, *150 g* Zucker, *3 Stangen* Zimt, *1* Eiweiß und *4 Stängel* Minze

Von einer Zitrone die Schale abreiben. Etwas Schale und einige feine Zitronenscheiben für die Dekoration beiseitelegen. Beide Zitronen auspressen.

Den Zucker mit 300 ml Wasser, den Zimtstangen und der Zitronenschale unter ständigem Rühren aufkochen, bis sich der Zucker vollständig aufgelöst hat. Den Sirup abkühlen und im Kühlschrank so lange stehen lassen, bis der Zimt sein kräftiges Aroma abgegeben hat. In eine vorgekühlte Schüssel füllen und ins Kühlfach stellen. Das Sorbet nach 1 bis 2 Stunden aus dem Kühlfach nehmen und cremig-locker aufschlagen. In eine zweite gekühlte Schüssel umfüllen und für weitere 2 Stunden frieren lassen. Währenddessen mindestens noch einmal, besser öfter, aufschlagen. Zum Anrichten aus dem Kühlfach nehmen, nochmals aufschlagen. Das Eiweiß sehr steif schlagen und mit Zuckersirup und Zitronensaft locker verrühren.

Die Minze waschen, trocken schütteln und die Blätter von drei Stängeln in feine Streifen schneiden. Zum Servieren die geschnittene Minze unter das Sorbet heben und die Gläser sofort mit Zitronenscheiben, -schalen und mehr Minze verzieren.

Zitronen sind wahre Tausendsassa und vielseitig verwendbar.

GRAPEFRUIT-MELONE-ZITRUS-GRANITÉ

Die Melone in Spalten schneiden und entkernen. Das Melonenfruchtfleisch von der Schale befreien und in kleine Stücke schneiden.

Die Grapefruit halbieren. Von einer Hälfte die Filets herauslösen, dabei die weiße Haut entfernen und das Fruchtfleisch in kleine Stücke schneiden. Die Früchte in eine hohe Schüssel legen.

Die andere Hälfte der Grapefruit auspressen. Von den Limetten und Zitronen die Schalen abreiben, die Früchte halbieren und auspressen. Alles zusammen mit dem Grapefruitsaft in die Schüssel mit dem Fruchtfleisch geben. Den Zucker unterrühren und alles grob pürieren, sodass ein relativ homogenes Mus entsteht.

In einen Behälter füllen und ins Kühlfach stellen. Etwa 2 bis 4 Stunden gefrieren lassen und währenddessen öfter mit einer Gabel grob verrühren. Vor dem Servieren im Kühlschrank etwas auftauen lassen und aus dem Behälter kratzen.

Zum Servieren das Granité in hübsche Gläser geben und nach Belieben dekorieren.

NOTIZEN

Zutaten für etwa 4 Portionen

1/2 Cavallion-Melone (oder eine andere süße Melone), *1* Grapefruit, *2* unbehandelte Limetten, *2* unbehandelte Zitronen und *200 g* Zucker

Nichts ist erfrischender an heißen Tagen als dieses Granité mit seinen Zitrusnoten!

ROT-SCHWARZES-JOHANNISBEER-GRANITÉ

NOTIZEN

Die Johannisbeeren putzen, waschen und einige Rispen beiseitelegen.
Die Früchte mit dem Sirup fein pürieren und das Püree durch ein Sieb streichen, um Kerne und Schalen herauszufiltern.
Danach die gemahlenen Mandeln unterrühren und mit dem Mineralwasser auffüllen.
In einen Behälter füllen und ins Kühlfach stellen. Etwa 2 bis 4 Stunden gefrieren lassen und währenddessen öfter mit einer Gabel grob verrühren. Vor dem Servieren im Kühlschrank etwas auftauen lassen und aus dem Behälter kratzen.
Zum Servieren in Gläser füllen. An jedes Glas eine kleine Beerenrispe hängen und Beeren auf dem Granité platzieren.

Zutaten

für etwa 4 Portionen

200 g rote Johannisbeeren, *200 g* schwarze Johannisbeeren, *6 EL* roter Fruchtsirup, *50 g* gemahlene Mandeln und *200 ml* Mineralwasser

DUFTGERANIENSORBET

Zutaten für etwa 4 Portionen

100 g Zucker, *2 Beutel* Zitronenverbenentee, *1 Handvoll* Duftgeranienblätter »Lemon Rose«, *3 Stängel* Minze und einige Duftgeranienblätter für die Dekoration

Den Zucker mit 250 ml Wasser aufkochen lassen, rühren, bis sich der Zucker gelöst hat und Läuterzucker entstanden ist. Den Tee mit heißem Wasser aufgießen und zum Läuterzucker geben.
Die Blätter der Duftgeranie waschen, trocken tupfen und acht Blättchen für die Dekoration beiseitelegen. Die übrigen in feine Streifen schneiden. Die Minze waschen, trocken schütteln und von zwei Stängeln die Blätter abzupfen. Zusammen mit den Geranienblättern in die abgekühlte Sorbetflüssigkeit geben.
Die Teebeutel entfernen und den Sud einige Stunden durchziehen lassen, dann durch ein Sieb passieren.
In eine vorgekühlte Schüssel füllen und ins Kühlfach stellen. Das Sorbet nach 1 bis 2 Stunden aus dem Kühlfach nehmen und cremig-locker aufschlagen. In eine zweite gekühlte Schüssel umfüllen und für weitere 2 Stunden frieren lassen. Währenddessen mindestens noch einmal, besser öfter, aufschlagen. Zum Anrichten aus dem Kühlfach nehmen, nochmals aufschlagen. Zum Servieren mit den Geranienblättchen dekorieren.

Dieses frische Sorbet schmeckt mit seinem ausgesuchten Zitronen-Rosen-Duft sehr gut als Dessert.

MELISSE-LIMETTEN-ZITRONEN-SORBET

Von einer Zitrone und einer Limette die Schale abreiben. Etwas Schale und einige feine Zitronen- und Limettenscheiben für die Dekoration beiseitelegen. Beide Zitronen und Limetten auspressen.
Die Melisse waschen und trocken schütteln. 2 Stängel für die Dekoration beiseitelegen, von den beiden anderen die Blättchen abzupfen.
Den Zucker mit 300 ml Wasser und der Schale von Limetten und Zitronen unter ständigem Rühren aufkochen, bis sich der Zucker vollständig aufgelöst hat. Den Sirup abkühlen lassen, Melisseblättchen unterheben und im Kühlschrank für 2 Stunden stehen lassen, bis die Melisse ihr Aroma abgegeben hat. Dann die Blättchen wieder entfernen.
Das Eiweiß sehr steif schlagen und mit dem Zuckersirup und mit dem Limetten- und Zitronensaft locker verrühren.
In eine vorgekühlte Schüssel füllen und ins Kühlfach stellen. Das Sorbet nach 1 bis 2 Stunden aus dem Kühlfach nehmen und cremig-locker aufschlagen. In eine zweite gekühlte Schüssel umfüllen und für weitere 2 Stunden frieren lassen. Währenddessen mindestens noch einmal, besser öfter, aufschlagen. Zum Anrichten aus dem Kühlfach nehmen, nochmals aufschlagen.
Zum Servieren die restlichen Melisseblättchen unterheben und die Gläser mit den Zitronenscheiben und -schalen verzieren.

Zutaten für etwa 4 Portionen

2 unbehandelte Zitronen, *2* unbehandelte Limetten, *4 Stängel* Melisse, *150 g* Zucker und *1* Eiweiß

Nicht nur die Zitrusnoten von Limette und Zitrone unterscheiden sich, sondern auch die aromatische Intensität des Saftes: Da ist die Limette ganz klar die Siegerin!

48

VANILLE-ZITRONEN-MELISSE-SORBET

In einem Topf den Zucker mit 400 ml Wasser zum Kochen bringen, bis sich der Zucker aufgelöst hat. Den Läuterzucker abkühlen lassen. Das ausgekratzte Mark der Vanilleschote in den Sirup geben.
Von drei Zitronen die Schalen abreiben und zum Läuterzucker geben. Den Zitronensaft ebenfalls dazugeben. Die übrige Zitrone in Scheiben schneiden und für die Dekoration beiseitelegen.
Die Melisse waschen, trocken schütteln und die Blättchen abzupfen. Einige Blättchen für die Dekoration beiseitelegen, die übrigen fein hacken.
Das Eiweiß richtig steif schlagen und vorsichtig unter die Flüssigkeit heben. Dann die geschnittenen Melisseblättchen unterziehen.
In eine vorgekühlte Schüssel füllen und ins Kühlfach stellen. Das Sorbet nach 1 bis 2 Stunden aus dem Kühlfach nehmen und cremig-locker aufschlagen. In eine zweite gekühlte Schüssel umfüllen und für weitere 2 Stunden frieren lassen. Währenddessen mindestens noch einmal, besser öfter, aufschlagen. Zum Anrichten aus dem Kühlfach nehmen, nochmals aufschlagen.
Zum Servieren mit Zitronenscheiben und Melisseblättchen dekorieren.

Zutaten für etwa 4–6 Portionen

200 g Zucker, *1* Vanilleschote, *4* unbehandelte Zitronen, *100 ml* frisch gepresster Zitronensaft, *4 Stängel* Melisse, *1* Eiweiß

Limetten-Basilikum-Sorbet
Orangensorbet
Melonensorbet

LIMETTEN-BASILIKUM-SORBET

Von den Limetten die Schale abreiben und den Saft auspressen.
Den Limettenabrieb mit dem Zucker und 300 ml Wasser aufkochen, die Flüssigkeit dann abkühlen lassen. In der Zwischenzeit Basilikum waschen, trocken schütteln, die Blätter abzupfen, diese fein schneiden und beiseitelegen. In die abgekühlte Flüssigkeit den Limettensaft geben.
Das Eiweiß steif schlagen und unter die Flüssigkeit heben. Vorsichtig die Basilikumblättchen unterziehen. In einen Behälter füllen und einfrieren. Nach etwa 2 Stunden gut durchrühren. Nach weiteren 3 Stunden Gefrierzeit nochmals durchrühren und servieren.

Zutaten für etwa 4 Portionen

3 unbehandelte Limetten, *150 g* Zucker,
1 Bund Basilikum und *1* Eiweiß

NOTIZEN

Im Hochsommer punkten Sie mit diesem dekorativ-farbenfrohen »Dreamteam« bei Ihren Gästen: Limetten-Basilikum-Sorbet (S. 105), Zitronen-Wassermelonen-Sorbet (S. 106) und Orangenfilet-Sorbet (S. 107) als Trio servieren!

ZITRONEN-WASSERMELONEN-SORBET

NOTIZEN

Das Fruchtfleisch der Wassermelone aus der Schale lösen, entkernen und klein schneiden.
Den Zucker mit 250 ml Wasser aufkochen, bis sich der Zucker gelöst hat. Den Läuterzucker abkühlen lassen. Die klein geschnittenen Wassermelonenstückchen und den Zitronensaft unterheben und alles fein pürieren. Das Eiweiß steif schlagen und ebenfalls vorsichtig unterheben.
In eine vorgekühlte Schüssel füllen und ins Kühlfach stellen. Das Sorbet nach 1 bis 2 Stunden aus dem Kühlfach nehmen und cremig-locker aufschlagen. In eine zweite gekühlte Schüssel umfüllen und für weitere 2 Stunden frieren lassen. Währenddessen mindestens noch einmal, besser öfter, aufschlagen. Zum Anrichten aus dem Kühlfach nehmen, nochmals aufschlagen.

Zutaten für etwa 4 Portionen

1/2 reife Wassermelone, *100 g* Zucker,
1 EL frisch gepresster Zitronensaft und *1* Eiweiß

Klingt die Wassermelone beim Daraufklopfen voll, ist sie so schön reif und süß, wie sie sein sollte. Finger weg von hohl klingenden Früchten, sie sind noch nicht reif.

ORANGENFILET-SORBET

Die Schale der Orangen abreiben. Die Orangen schälen und sehr sauber filetieren, die weiße Haut sollte vollkommen entfernt sein. In kleine Stücke schneiden.
Die abgeriebene Schale in 250 ml Wasser einrühren. Das Orangenwasser mit dem Zucker zum Kochen bringen, bis sich der Zucker gelöst hat. Abkühlen lassen.
Die Orangenfiletstückchen mit dem Sirup fein pürieren. Muskat, Vanillezucker, Orangen- und Limettensaft zufügen. Alles gut vermischen. Das Eiweiß steif schlagen und unterheben.
In eine vorgekühlte Schüssel füllen und ins Kühlfach stellen. Das Sorbet nach 1 bis 2 Stunden aus dem Kühlfach nehmen und cremig-locker aufschlagen. In eine zweite gekühlte Schüssel umfüllen und für weitere 2 Stunden frieren lassen. Währenddessen mindestens noch einmal, besser öfter, aufschlagen. Zum Anrichten aus dem Kühlfach nehmen, nochmals aufschlagen.

Zutaten für etwa 4 Portionen

2 unbehandelte Orangen, *80 g* Zucker, *1 Prise* frisch gemahlener Muskat, *1 Pck.* Vanillezucker, *50 ml* Orangensaft, *1 Schuss* frisch gepresster Limettensaft und *1* Eiweiß

Orangen, das fruchtige Geschmackserlebnis

REZEPTVERZEICHNIS

Limonaden

Sommerdrinks

Sorbets & Granités

DANK

Dieses Buch macht auch deshalb so viel Freude, weil die schönsten Plätze, verwunschen, zauberhaft und stimmungsvoll von vielen Freunden und Nachbarn vorgestellt und angetragen wurden. Sie haben einen großen Anteil an dieser Sommerstimmung.
Dazu hat wie immer auch mein Kreativ-Team Iris Kaczmarczyk, Anne Wibke Korek und Sabine Durdel-Hoffmann einen wichtigen Anteil.

Bedanken möchte ich mich auch beim zuständigen Team des Fackelträger Verlags, das wie schon so oft zu der erfolgreichen Verwirklichung des Buches verholfen hat.

Texte, Rezepte, Food-Design
Usch von der Winden, Wiesbaden

Fotos & Bildbearbeitung
Iris Kaczmarczyk, Wiesbaden

S.21 © bit24 – fotolia.com, S.25 © Andrea Wilhelm – fotolia.com, S.28 © photocrew – fotolia.com, S.32 © styleuneed – fotolia.com, S.40 © LiliGraphie – fotolia.com, S.44 © Sven Knie – fotolia.com

Gestaltung
Anne Wibke Korek, Dipl.-Designerin (FH), Wiesbaden

Textredaktion & Lektorat
Sabine Durdel-Hoffmann, Essen

Granatapfelsorbet, Seite 79

IMPRESSUM

Fruchtbowle, Seite 48

Alle Angaben in diesem Werk wurden sorgfältig erarbeitet. Dennoch erfolgen alle Angaben ohne Gewähr. Die in diesem Buch enthaltenen Informationen sind weder völlig umfassend noch verbindlich. Verlag, Autor und Producer haften nicht für eventuelle Nachteile und Schäden, die aus den im Buch gemachten praktischen Hinweisen und den Genuss genannter Nahrungsmittel resultieren.

Emil-Hoffmann-Str. 1
D-50996 Köln

Gesamtherstellung:
VEMAG Verlags- und Medien AG, Köln

ISBN 978-3-7716-4548-9

www.fackeltraeger-verlag.de